Günter Klieme · Hans Joachim Neidhardt

KÜGELGENHAUS

MUSEUM DER
DRESDNER ROMANTIK

Herausgegeben von den
MUSEEN DER STADT DRESDEN

DEUTSCHER KUNSTVERLAG

Umschlagvorderseite:
Georg Friedrich Kersting (1785–1847), Gerhard von Kügelgen in seinem Atelier, 1811

Umschlagrückseite:
Atelier Gerhard von Kügelgens

**Wir danken den Staatlichen Kunstsammlungen Dresden,
Galerie Neue Meister und Gemäldegalerie Alte Meister
für die freundlich gewährten Leihgaben.**

Impressum

Abbildungsnachweis
Sämtliche Abbildungen Museen der Stadt Dresden,
Städtische Galerie Dresden (Fotos: Franz Zadnicek), mit Ausnahme von
Umschlag-Vorderseite, Seite 63: Staatliche Kunsthalle Karlsruhe (Ellen Frank)
Seite 20, 39, 49 unten, 50 unten, 59 rechts oben: Staatliche Kunstsammlungen Dresden,
Galerie Neue Meister
Seite 26, 29, 46, 58: SLUB Dresden / Deutsche Fotothek
Seite 32, 34: Staatliche Kunstsammlungen Dresden, Kupferstichkabinett
Seite 35: Hamburger Kunsthalle
Seite 40: Kunsthalle Mannheim
Seite 41: Staatliche Museen zu Berlin
Seite 45: Staatliche Kunstsammlungen Dresden, Gemäldegalerie Alte Meister
Seite 60: Klassik Stiftung Weimar

Herstellung
Edgar Endl

Lithos
Lanarepro, Lana (Südtirol)

Druck und Bindung
F&W Mediencenter, Kienberg

Bibliografische Information der Deutschen Nationalbibliothek
Die Deutsche Nationalbibliothek verzeichnet diese Publikation in der
Deutschen Nationalbibliografie; detaillierte bibliografische Daten
sind im Internet über http://dnb.dnb.de abrufbar.

Dritte Auflage 2016
ISBN 978-3-422-02151-8
www.deutscherkunstverlag.de
© 2016 Museen der Stadt Dresden und
Deutscher Kunstverlag GmbH München Berlin

INHALTSVERZEICHNIS

ZUM GELEIT

*So bezogen wir denn im Spätsommer des Jahres 1808
die zweite Etage des Brelingschen Hauses an der
Neustädter Allee, der schönsten und freundlichsten
Straße Dresdens. Dies Haus, vor etwa hundert Jahren
vom Grafen Zinzendorf erbaut, trug mit großen
goldenen Buchstaben die an dem ganzen Sims hinlaufende Inschrift: »An Gottes Segen ist alles gelegen«
und wurde kurzweg »der Gottessegen« genannt,
den wir auch sämtlich drin gefunden haben.*

Wilhelm von Kügelgen, Jugenderinnerungen
eines alten Mannes, München 1915, S. 49

Zum Verbund *Museen der Stadt Dresden* gehören neben den drei großen Institutionen *Stadtmuseum Dresden*, *Städtische Galerie Dresden* und *Technische Sammlungen Dresden* auch fünf kleine Häuser, die mit Künstlern, Musikern, Schriftstellern und Wissenschaftlern der Elbestadt in Verbindung zu bringen sind. Im *Kügelgenhaus*, dem *Museum der Dresdner Romantik*, wird an den Historien- und Porträtmaler Gerhard von Kügelgen (1772–1820) und seine Familie erinnert. Im Haus *Gottessegen* (benannt nach dem Schriftzug am Haus »An Gottes Segen ist alles gelegen«) an der heutigen Hauptstraße, welches 1699 erbaut worden war, lebte die Familie von 1808 bis 1820 und empfing in ihrem Salon zahlreiche prominente Gäste; Maler, Literaten und Musiker gaben sich dort ein Stelldichein. So war auch Johann Wolfgang von Goethe zu Gast, um am 24. April 1813 vom Fenster des Salons den Einzug des russischen Zaren Alexander I. und des preußischen Königs Friedrich Wilhelm III. an der Spitze ihrer Truppen beobachten zu können. Nach der Ermordung Gerhard von Kügelgens im Jahr 1820 verließ die Familie Dresden und das Haus wurde anderweitig vermietet. In der literarischen Erinnerung blieb es jedoch das Haus der Kügelgens – der Sohn Wilhelm (1802–1867) hatte es in seinen *Jugenderinnerungen* eines alten Mannes eindrucksvoll festgehalten. Diese Autobiografie (1870 postum veröffentlicht) war in der zweiten Hälfte des 19. Jahrhunderts zu einem Kultbuch des deutschen Bürgertums avanciert und ist in zahlreichen Auflagen erschienen.

Den Zweiten Weltkrieg überstand das Haus weitgehend unbeschadet. Nach der Wiederherstellung des Bürgerhausensembles im Jahre 1979, wobei auch die wunderbare bemalte Holzbalkendecke ans Tageslicht kam, wurde 1981 dort das *Museum zur Dresdner Frühromantik* eingerichtet. Das Projekt war wissenschaftlich vom Literaturwissenschaftler Günter Klieme (1929–2008) und dem Kunsthistoriker Hans Joachim Neidhardt begleitet worden. Beide verfassten 1999 auch den ersten Museumsführer, welcher 2008 eine zweite Auflage erfuhr.

Inzwischen haben über 330.000 Gäste das *Kügelgenhaus – Museum der Dresdner Romantik* besucht; so ist es notwendig geworden, den Katalog ein drittes Mal aufzulegen. Auch wenn sich in den Räumen einzelne Änderungen ergeben haben, sind die damals verfassten Texte noch immer von Gültigkeit, so dass auf eine Überarbeitung weitgehend verzichtet werden konnte.

Wir wünschen den Besuchern eine interessante Zeitreise in die Epoche der Romantik mit vielen nachhaltigen Impressionen. Möge das Flair des Hauses *Gottessegen* dazu beitragen, sich noch intensiver auf die Dresdner Kulturgeschichte dieser Zeit einzulassen.

Gisbert Porstmann
Direktor der Museen
der Stadt Dresden

Erika Eschebach
Direktorin des
Stadtmuseums Dresden

DIE ROMANTIK

zeigt sich als eine besondere Art und Weise des Grundverhaltens gegenüber einer Wirklichkeit, die als kaum enträtselbar empfunden wird. Das außerordentliche, bisher so noch nie dagewesene Anliegen romantischen Denkens und Kunstschaffens ist die Entdeckung der symbolträchtigen Stimmung, um die Dimension des Unendlichen im Endlichen allseitig erlebbar zu machen. Die poetisch verklärte Selbstanschauung des Ich als Zugang zum Universum, die Auflösung des Statischen in fortwährende Bewegung, allen Seins in das Werden, getragen von unstillbarer Sehnsucht nach dem Unbestimmbaren und Unsagbaren, nach dem Fernen und Geheimen wurde zum Grunderlebnis romantischer Welterfahrung. Bisherige klassische Selbstbegrenzung auf das Schöne wandelte sich zum umfassenden Erlebnis des Unbegrenzten. Als Ausdrucksmittel solcher Empfindungen schienen Musik und Malerei besser geeignet als Werke der plastischen Kunst. Grenzen gegenständlicher Erfahrungen wurden überschritten und Gesetzmäßigkeiten der Realität negiert, um dem Drang von Gefühl und Fantasie Raum zu geben. Sosehr es die Romantiker in die erlebnisträchtige Nähe und Ferne der Welt zog, immer waren sie auf der Suche nach sich selbst, dem Weg nach innen, mittels Ahnung und Vision, Traum und Erinnerung. Die frühromantischen Dichter und Denker wählten sich als Symbol des Unendlichen die unerreichbare »blaue Blume«.

Die Romantik trat zuerst in der Philosophie, Dichtung und Malerei hervor, löste neue Betrachtungsweisen in den Naturwissenschaften, der Medizin und Psychologie, der allgemeinen Geschichte, der Literatur- und Sprachgeschichte sowie der Volkskunde aus. Besonders nachhaltig war sie in allen Bereichen der Musik zu spüren.

In den meisten Ländern Europas fand die Romantik eine jeweils eigene Ausprägung. Ihr Einfluss und ihre Wirkung erstreckte sich von den letzten Jahren des 18. Jahrhunderts bis weit in die zweite Hälfte des 19. Jahrhunderts.

ROMANTIK IN DRESDEN

Im Museum der Dresdner Romantik wird die bürgerliche Geistesbewegung, die etwa 1789 begann, dargestellt, soweit die einstige sächsische Residenz davon berührt wurde. Als Kunstmetropole war Dresden in dieser bedeutenden Epoche ein Begegnungsort vieler zeitgenössischer Persönlichkeiten. Klassische und romantische Ideen bestimmten das wechselwirkende Verhältnis der einzelnen Künste und geisteswissenschaftlichen Disziplinen zueinander.

Dresdens Glanz als Barockstadt, geprägt vom augusteischen Zeitalter in der ersten Hälfte des 18. Jahrhunderts, beruhte auf dem harmonischen Dreiklang der Fülle an Kunstschätzen, ansehnlichen Bauwerken, mäanderartigem Flusslauf mit höhenumkränzter Talweitung. Auch um 1800 und in den nachfolgenden drei Jahrzehnten – politisch in der Zeit der napoleonischen Fremdherrschaft, der Befreiungskriege und der anschließenden Restauration – wirkte der Ruhm einstiger Größe noch immer nach. Doch hatte sich die Residenzstadt vom einstigen Zentrum fürstlicher Macht und aristokratischer Repräsentation unter dem Einfluss des erstarkenden Bürgertums zunehmend zu einer vielgepriesenen Kulturstadt von europäischem Rang gewandelt.

Im Frühsommer 1796 besuchten die jungen Berliner Kunstfreunde LUDWIG TIECK (1773–1853) und WILHELM HEINRICH WACKENRODER (1773–1798) gemeinsam die Elbestadt, an deren Kunstschätzen sich Wackenroder bereits im August 1792 begeistert hatte. Schon im Verlaufe ihrer gemeinsamen Studienzeit an den Universitäten Erlangen und Göttingen, vor allem auf ihren Wanderungen durch Oberfranken, hatte sie ein verändertes Lebensgefühl erfasst, das ebenso auf dem Erlebnis der Landschaft beruhte wie auf der Wiederentdeckung von Spuren großer deutscher Vergangenheit, insbesondere der Kunst von Staufer- und Dürerzeit. Vor den Bildern der Dresdner Gemäldegalerie wurden die beiden Freunde sich ihrer neuen, bald als romantisch bezeichneten Bestrebungen stärker bewusst. Weit entscheidender als die bloße Betrachtung der Gemälde waren die dadurch hervorgerufenen Gedanken und deren gemeinsame Erörterung im Gespräch. In jenen Dresdner Tagen des Jahres 1796 übergab Wackenroder seinem Freund das für die frühromantischen Kunstansichten wesentliche Manuskript, das Tieck wenig später anonym unter dem Titel »Herzensergießungen eines kunstliebenden Klosterbruders« herausgab. Kurze Zeit später, nach Wackenroders frühem Tod, veröffentlichte ebenfalls Tieck dessen »Phantasien über die Kunst für Freunde der Kunst«. Als erste Zeugnisse romantischen Lebensgefühls wurden die Verehrung der alten Meister, die andächtige Annäherung an deren Kunst und eine Reformation der Kultur postuliert. Künstlerische Schöpfung verlangt Ehrfurcht und Hingabe. Die Musik galt als »Kunst der Künste«, ihr Erlebnis ist kultisch, wie überhaupt Kunst einen Abglanz höherer, himmlischer Harmonie darstellt.

Gleichfalls in der Dresdner Gemäldegalerie versammelte sich zwei Jahre danach, im Hochsommer des Jahres 1798, ein Kreis junger Dichter, Literaturtheoretiker und -kritiker, Philosophen und Naturwissenschaftler, die später als Frühromantiker in die Kultur- und Geistesgeschichte eingingen. Dazu gehörten AUGUST WILHELM SCHLEGEL (1767–1845) und dessen Frau CAROLINE (1763–1809), sein Bruder FRIEDRICH SCHLEGEL (1772–1829), FRIEDRICH VON HARDENBERG (1772–1801), der sich NOVALIS nannte und der soeben von erfolgloser Kur aus Teplitz gekommen war, die Philosophen JOHANN GOTTLIEB FICHTE (1762–1814, geboren in Rammenau nahe Bischofswerda, östlich von Dresden) und FRIEDRICH WILHELM JOSEPH SCHELLING (1775–1854), ab 1803 mit Caroline verheiratet, sowie der Schriftsteller und Übersetzer JOHANN DIETRICH GRIES (1775–1842) aus Jena: Nicht mehr und nicht weniger als eine Handvoll Gleichgesinnter, die schon vorher miteinander in Verbindung gestanden hatten.

In den Dresdner Sammlungen der Antiken und Gipsabgüsse, am selben Ort, wo sich ein halbes Jahrhundert zuvor JOHANN JOACHIM WINCKELMANN (1717–1768) bei Tageshelle an der »edlen Einfalt und stillen Größe« des antiken Menschenbildes begeistert hatte, vollzogen die Frühromantiker ihre Abkehr vom klassischen Weimarer Kunstideal, an dessen großem Vorbild sie sich als jüngere Nachfahren bisher orientiert hatten. Nun, bei nächtlichem Fackelschein öffneten sich unter dem Eindruck der aufkommenden Stimmungen ihre Sinne für das geheimnisvolle Unbewusste, für Fantasie und Träume, für »Ahndungen« und die Nachtseite der Erscheinungen, für die Verklärung der Wirklichkeit mittels der Poesie. Nicht verstandesmäßiges Erklären, sondern zauberische Verwandlung kennzeichnet das romantische Prinzip der »Gemütserregungskunst«, wie es Novalis kurze Zeit nach dem Dresdner Sommertreffen ausgesprochen hat: »Indem ich dem Gemeinen einen hohen Sinn, dem Gewöhnlichen ein geheimnisvolles Ansehen, dem Bekannten die Würde des Unbekannten, dem Endlichen einen unendlichen Schein gebe, so romantisiere ich es.« (aus den »Fragmenten«)

Da diese »poetische Operation« (Novalis) ein Einzelner allein nicht umfassend zu leisten vermochte, bedurfte es dazu gemeinsamer Kunst-Anstrengungen innerhalb einer Gruppe von gleichgestimmten Freunden.

Im Mittelpunkt ihrer Betrachtungen in der Gemäldegalerie stand Raffaels »Sixtinische Madonna«, ein Meisterwerk italienischer Malerei der Hoch-Renaissance, das sie zu ihrem Kultbild erkoren. Hier fanden sie, sichtlich beeindruckt vom Zauber der »kräftigsten Farben … das Göttliche in der ganz irdischen Hülle …«. Die angesichts der Dresdner Galeriebilder geführten Unterhaltungen wurden, poetisch nachgestaltet, unter dem Titel »Die Gemälde« in der Zeitschrift »Athenaeum« veröffentlicht, die von den Brüdern Schlegel begründet und in den Jahren 1798 bis 1800 in Berlin herausgegeben wurde.

In der krisenhaften Umbruchsituation der Jahrhundertwende wuchs bei der jüngeren Generation das Bedürfnis nach Gemeinschaft und Freundschaft, um drohender Vereinsamung, Bindungslosigkeit und Daseinsleere zu entgehen. Anstatt trennender herkömmlicher Standesvorurteile wurde nun freie Geselligkeit zum ersehnten Erlebnis einer neuen Form gesellschaftlichen Umgangs. Gesellige Kreise oder Zirkel als Kristallisationspunkte bürgerlicher Kultur bildeten sich um 1800 nicht nur in Dresden, sondern auch in anderen großen deutschen Städten heraus, die eine eigengeprägte kulturelle Atmosphäre aufwiesen. Über die Gruppengesinnung hinaus kam der Freundschaft ein noch höherer Stellenwert zu. Insbesondere bei den Romantikern steigerte sich freundschaftliche Verbundenheit fast bis zu religiösem Kult, wie zahlreiche Zeugnisse in Briefen, Gedichten, Tagebuchaufzeichnungen und zeitgenössische Freundschaftsbilder zeigen.

Die frühromantische Gemeinsamkeit hat danach ihren Höhepunkt um die Wende vom 18. zum 19. Jahrhundert in Jena erreicht, das wenige Jahre lang Hauptwirkungsstätte und Wohnsitz fast aller Frühromantiker wurde. Zwischen 1805 und 1808 war Heidelberg das Zentrum einer anderen Gruppe jüngerer Romantiker. Daneben spielten Berlin, Wien und der schwäbische Dichterkreis eine Rolle für die weitere Entwicklung der Romantik in Deutschland.

Während die führenden Dichter, Theoretiker und Philosophen der frühen deutschen Romantik nur kurzzeitig in Dresden verweilten, ohne die geistigkünstlerische Atmosphäre der Stadt nachhaltig zu beeinflussen, wurde das literarische Leben zunehmend vom Chorus zweitrangiger, in Dresden teils geborener, teils hierher zugewanderter Liebhaber-Poeten und Reimeschmiede beherrscht. Zusammengefunden hatten sich die betulichen Musensöhne mit ihren Handarbeiten verrichtenden Frauen und Töchtern 1801 im »Dresdner Dichter-Tee«, um exakt mit dem »Antritt des neuen Jahrhunderts« auf ihre ephemere Weise mit Schillers Worten »das Schöne im Gesang erblühen« zu lassen. Seit 1815 hieß dann das Freiheitsreich ihrer Träume veredelt »Liederkreis«, als dessen Publikationsorgan die »Abend-Zeitung« weite Verbreitung fand. Das Mittelmaß ihrer Hervorbringungen trug ihnen schon bald den Spottnamen »Dresdner Wasserromantiker« ein und führte bis um 1830 zum allmählichen Niedergang der literarischen Romantik in der Elbestadt. Immerhin haben Mitstreiter des »Liederkreis« ihren Beitrag zur musikalischen Romantik geleistet, so FRIEDRICH KIND (1768–1843), der auf der Grundlage des »Gespensterbuches« von JOHANN AUGUST APEL (1771–1816) und FRIEDRICH LAUN [alias Friedrich August Schulze] (1770–1849) das Libretto zu Carl Maria von Webers »Freischütz« verfasste, ebenso HELMINA VON CHÉZY (1783 bis 1856), die dem Komponisten den wenig geglückten Operntext für die »Euryanthe« lieferte.

Als großartige Einzelstimme erhob sich hoch über dem asthmatischen Laienkonzert der Dresdner Wasserpoeten als ungekrönter »König der Romantik« Ludwig Tieck, selbst 1801 bis 1803 und 1819 bis 1842 in der Elbestadt sesshaft und hier als erster Dramaturg des königlichen Hoftheaters tätig. In beständiger Fehde mit den Vertretern der literarischen Tagesszene nahm sein Spätwerk zunehmend realistische Züge an. Sein Einmann-Zimmertheater in seiner Wohnung am Dresdner Altmarkt, wo er im kleinen Kreis mit differenziert moduliertem Ausdruck Dramen der Weltliteratur rezitierte, wurde weithin berühmt und lockte Dresden-Reisende aus Europa und Übersee an.

Die Erkenntnis, dass Dresden auch eine Stadt romantischer Malerei, ja eines ihrer Hauptzentren war, hat sich erst seit Beginn des 20. Jahrhunderts durchgesetzt. Bis dahin hatte man unter Kunst der Romantik in Deutschland vor allem die Malerei der in Rom schaffenden Nazarener und ihrer deutschen Ableger zu München und Düsseldorf verstanden. War das Anliegen dieser Künstler insbesondere die Erneuerung des religiösen und historischen Figurenbildes, so hat sich in Dresden mit unbeirrbarer Konsequenz romantischer Geist in der Naturdarstellung, und zwar unter dem Aspekt eines neuen Totalitätsanspruchs, verwirklicht. Philipp Otto Runge (1777–1810) und Caspar David Friedrich (1774–1840), den Hauptmeistern der romantischen Bildkunst in Dresden, ging es nicht um Erneuerung alter Kunstformen durch Anknüpfen bei ihren an Dürer und Raffael fixierten Ursprüngen, sondern um Neuschöpfung aus den Quellen des eigenen Innern. Sie entdeckten das unendliche Neuland der eigenen Seele.

Ausgerüstet mit den Grundregeln der klassizistischen Kunstlehre kamen beide – Friedrich 1798, Runge 1801 – von der Kopenhagener Akademie in die sächsische Residenz und erfuhren in den ersten Jahren des 19. Jahrhunderts ihren entscheidenden Durchbruch zu jenen neuen künstlerischen Konzepten, die wir heute als romantisch bezeichnen.

Gelegen an der Schnittstelle zwischen protestantischem Norden und katholischem Süden, ist Dresden um 1800 ein Begegnungsort geistiger Welten. Autochthones und Fremdes fand sich zu neuer schöpferischer Leistung zusammen. Besonders auf Künstler aus dem nördlichen Europa war die Anziehungskraft der sächsischen Kunstmetropole gewaltig. Galt sie doch am Ende der augusteischen Epoche als »die erste Kunststadt des Nordens, eine Kolonie Italiens auf sächsischem Boden«. (Wilhelm Waetzold)

Vieles verdankte der bei seiner Ankunft erst 24-jährige Runge dem anregenden Einfluss von Malern wie Anton Graff (1736–1813), dem versierten Porträtisten der mitteldeutschen bürgerlichen Geisteselite, und Ferdinand Hartmann (1774–1842), einem klassizistischem Historienmaler, der Runges Vorstellungen bald mit großer Sympathie folgte. Aber auch mit dem Dichter

Ludwig Tieck und dem Komponisten Ludwig Berger (1777–1839) war er bald befreundet und in lebhaftem Gedankenaustausch, Hinweis schon auf die erstrebte Wechselwirkung und Einheit der Künste im romantischen Gesamtkunstwerk, das Runge mit seiner geplanten monumentalen Ausführung seiner »Zeiten« verwirklichen wollte.

Zwar hielt sich der geniale Jüngling nur gerade zweieinhalb Jahre in Dresden auf, doch es waren die für das Gesamtœuvre des Frühvollendeten entscheidenden. Hier gelang ihm der Durchbruch zu seiner kühnen, neuartig frischen Porträtkunst. Hier auch schuf er mit dem graphischen Zyklus der »Zeiten« jenes Hauptwerk, das ihn bis zum Ende seines Lebens beschäftigt hat. Es verkörpert die Summe aller seiner Bestrebungen um eine neue Qualität der Bildkunst. Aber er entwickelte in Dresden auch die Grundzüge seiner Kunstlehre und seine Farbentheorie.

Es ist sehr wahrscheinlich, dass Caspar David Friedrich von der Natursymbolik der Runge'schen »Zeiten«, 1803 im Druck erschienen, den entscheidenden Impuls zur Konzeption seiner Symbollandschaften empfing. Zwar bewegte er sich, anders als Runge, im überlieferten Medium des Landschaftsbildes, doch überschritt er die bisher verbindlichen Gattungsregeln und veränderte es auf revolutionäre Weise. Sein Denken kreiste um elementare Fragen des menschlichen Daseins, das Woher, Wohin und Wozu des Lebens, dessen undurchdringliche Horizonte sein gläubiges Vertrauen in einen göttlichen Urgrund der Welt zu überwinden suchte. Dafür fand er seine Gleichnisse in der Natur, in deren geheimnisvoller Sprache er ähnlich wie Runge einen Sinn erahnte. So sind seine Landschaften nicht Abbilder des sinnlich Erfahrbaren, sondern auf das menschliche Schicksal bezogene Sinnbilder. »Nicht die treue Darstellung von Luft, Wasser, Felsen und Bäumen ist die Aufgabe des Bildners, sondern seine Seele, seine Empfindung soll sich darin widerspiegeln,« bekennt der Maler, welcher sich damit als einer der großen geistigen Väter der Moderne erweist.

1808 kam über die Kopenhagener Akademie auch Georg Friedrich Kersting (1785–1847) nach Dresden, wo er zu seinem pommerschen Landsmann Friedrich sogleich in ein freundschaftliches Verhältnis trat. Er brachte jene gepflegte, noble Malkultur mit, deren neuartige Klarheit und Helligkeit die dänische Schule zu einer vorwärtsweisenden Erscheinung in der bürgerlichen Malerei um 1800 machte. Mit der Reihe seiner in Dresden gemalten Innenraumporträts hat Kersting, unabhängig von Friedrich, eine bemerkenswerte Sonderleistung in die Malerei der frühen Romantik eingebracht.

Der fein beobachtende Realismus in seinen Interieurs verbindet sich mit jener frühromantisch-gespannten Geistigkeit, die dem gemütlich-behäbigen Biedermeier fehlt. Damit weist er über die bloße Schilderung des Augenblicklichen hinaus auf eine Idee, die freilich weniger dem romantischen, als dem »klassischen« Lebensgefühl entspricht. Es ist die Idee der Ordnung, Klarheit und Harmonie des Menschen mit seiner Umwelt. Das wird auch der Grund dafür gewesen sein, dass JOHANN WOLFGANG VON GOETHE (1749–1832) Kerstings Arbeiten besonders hoch und jedenfalls höher als die Friedrichs schätzte.

Enge Freundschaft verband Kersting auch mit GERHARD VON KÜGELGEN (1772–1820), der sich als Historienmaler verstand, sein Bestes aber als Porträtist geleistet hat. Mit seiner Kunstauffassung noch dem akademischen Klassizismus verbunden, war er dennoch zwischen 1805 und seinem tragischen Tode 1820 der sympathische und verbindende Mittelpunkt der Dresdner Romantikerszene, welche Kersting allerdings schon 1815 wieder verließ.

Diese erhielt indessen bald neuen Zuwachs von außerhalb: 1814 kamen CARL GUSTAV CARUS (1789–1869) aus Leipzig, 1818 der Norweger JOHAN CHRISTIAN CLAUSEN DAHL (1788–1857) aus Kopenhagen nach Dresden, und bald gerieten beide in den Bannkreis Friedrichs.

Der gelehrte junge Arzt Carus, als Maler ein – freilich hochbegabter – Dilettant und Amateur, hat während des Jahrzehnts zwischen 1817 und 1827 eine Anzahl von Gemälden in der Art seines Lehrers und Freundes Friedrich geschaffen. Dabei bediente er sich erfolgreich und eindrucksvoll des Motivfundus seines Mentors, ohne jedoch dessen formale Spannung und geistige Tiefe zu erreichen. Eigenständiges Profil gewann er mit jenem Teil seines Werkes, in dem er sich vom Vorbildzwang Friedrichs löst und, seinem sachlich-wissenschaftlichen Impetus und dem Beispiel Dahls folgend, einem malerischen Realismus verpflichtet zeigt. Zugleich ist Carus der wichtigste zeitgenössische Analytiker und Theoretiker der Friedrich'schen Symbol- und Stimmungslandschaft. In seinen »Neun Briefen über Landschaftsmalerei« (1815–1824) postuliert er als deren Hauptaufgabe die »Darstellung einer gewissen Stimmung des Gemütlebens durch die Nachbildung einer entsprechenden Stimmung des Naturlebens.« Davon distanziert er sich freilich in den späteren »Briefen« Nr. 6 bis 9 mit der Forderung nach objektiver, naturwissenschaftlich stimmiger Landschaftsdarstellung im Sinne einer von ihm angestrebten »Erdlebenbildkunst«.

Mit der Ansiedlung Dahls in Dresden formierte sich in der hiesigen Landschaftsmalerei etwas wie eine Gegenposition zu Friedrich. Dahl hatte schon in Kopenhagen unter dem Einfluss des Dänen CHRISTOFFER WILHELM ECKERSBERG (1783–1853) und dem Vorbild der Landschaften Everdingens (1621–1675) und Ruisdaels (1628–1682) zu einer Malerei gefunden, die treue Wiedergabe der Natur mit einer teils dramatischen, teils auch poetisch-romantischen Aussage verbindet. Während der ersten Jahre seines Aufenthalts in Dresden hat auch die Kunst Friedrichs, mit dem er freundschaftlich verbunden war, anregend auf ihn gewirkt.

Dahl trat indessen der Natur nicht meditativ reflektierend, sondern mit zupackend sinnlichem Interesse, wenn auch nicht ohne romantisches Gefühl, gegenüber. Mit seinem malerischen Realismus begründete er in Dresden eine Schule der Landschaftsmalerei, die letztlich auf den Impressionismus zielte.

Das Doppelgestirn Friedrich-Dahl am Dresdner Kunsthimmel hat die nachfolgende Malergeneration wesentlich geprägt oder doch mehr oder weniger beeinflusst. Der Dresdner ERNST FERDINAND OEHME (1797–1855) empfing von beiden wichtige Impulse. Lange Zeit galt er nur als begabter Schüler Friedrichs. Indessen eignet seinen späteren Landschaften ein eher gemütvoll-poetisches Element, mit dem er um 1840 der Spätromantik seines Freundes LUDWIG RICHTER (1803–1884) nahekommt. In seinen reifen Leistungen gewinnt Oehmes malerisches Werk durch fein beobachtete Farb- und Lichtstimmungen ganz persönliche Konturen.

Eine der stärksten Begabungen unter Friedrichs Atelierschülern, AUGUST HEINRICH (1794–1822), empfing wichtige Anregungen von FERDINAND OLIVIER (1759–1815) in Wien. Seine gezeichneten und wenigen gemalten Landschaften zeigen eine geradezu religiöse, inbrünstige Hingabe an die Natur. Mit seinem frühen Tode wurde eine der größten Hoffnungen der romantischen Landschaftsmalerei in Dresden zu Grabe getragen.

Eine ganz andere Entwicklungslinie wird mit dem landschaftlichen Œuvre Ludwig Richters eingeschlagen. Der mit Gerhard von Kügelgens Sohn Wilhelm befreundete Künstler verkörpert die zweite Generation der romantischen Malerei. Er führte den Typus der deutsch-römischen Ideallandschaft seines Lehrers JOSEPH ANTON KOCH (1768–1839) in Dresden ein, welche er zur heimatlich-gemütvollen Landschaft der Spätromantik weiterbildete.

Gleichzeitig zum Abklingen der Romantik in der Literatur nahm die Musik in Dresden einen neuen Aufschwung. Im »Athenaeum« hatten die Brüder Schlegel zur Jahrhundertwende als Erste die großartige Idee der »progressiven Universalpoesie« ausgesprochen, alle bisher getrennten Kunstgattungen wieder zu vereinigen, denn nur sie könne »ein Spiegel der ganzen umgebenden Welt, ein Bild des Zeitalters werden«. Dem Versuch, solch hochgespannte Zielsetzung zu verwirklichen, kam damals die Musik als die poetischste aller Kunstgattungen am nächsten. Romantisches Musikschaffen in Dresden gliedert sich ein in die bis dahin bereits vorhandene, über dreihundertjährige Tradition hiesiger Musikkultur und führte deren Entwicklung im 19. Jahrhundert kontinuierlich weiter.

Allen voran hat sich CARL MARIA VON WEBER (1786–1826) um die Erneuerung der Musik seiner Zeit große Verdienste erworben. Als romantischer Komponist fügte er den Wirkungen klassischer Harmonie neuartige Klangstrukturen hinzu. Robert Schumann zeigte sich später davon besonders ergriffen: »… und wie klingen die Instrumente! Aus der innersten Tiefe sprechen sie zu uns.« Empfindsamer Streicherklang sowie die bevorzugten Tonlagen der Klarinette in den Holzbläser- sowie des Waldhorns in den Blechbläsergruppen ebenso wie das verhaltene oder leidenschaftlich gesteigerte Unisono des ganzen Ensembles vermitteln den Eindruck jener romantischen Stimmung und Unendlichkeitssehnsucht, die sich gleichfalls in der zeitgenössischen Dichtung und Landschaftsmalerei der Romantik wieder finden. Musik als wortfreie Poesie und Poesie als Musik im Dichterwort bedingen sich ebenso wechselseitig, wie die Bezeichnung »Klangfarben« auf jene innige Verschmelzung ehemals voneinander getrennter Kunstgattungen – hier der Musik und der Malerei – hinweist. Vertraut mit den Leitideen romantischen Kunstwesens schuf Weber aus der Freiheit schöpferischer Individualität ein eigenständiges musikalisches Werk. Getragen vom Natur- und Landschaftserleben – nicht zuletzt der Dresdner Umgebung – kommt darin das Empfinden von Freude und Leid, das Versenken in die poesievolle Wunderwelt überlieferten Märchen- und Sagenschatzes ebenso zum Ausdruck wie das Verlangen nach einer heilen äußeren Welt und das Vertrauen in die eigene Kraft. Als Operndirektor in Dresden begründete Weber die neuere deutsche Oper neben dem herkömmlichen italienischen Opernensemble und führte zugleich bahnbrechende Neuerungen in die Aufführungspraxis ein. Dazu wurde ein bleibender Stamm erstklassiger deutscher Gesangssolisten verpflichtet sowie ein ständiger Opernchor geschaffen. Außer einer festen Probenfolge bei Neueinstudierungen veränderte Weber die Aufstellung der Orchestergruppen zweckentsprechend und dirigierte unter Benutzung eines Taktstocks vom Pult aus.

Anders als Carl Maria von Weber, der in Dresden den Höhepunkt seines Schaffens erreicht hatte, waren für RICHARD WAGNER (1813 – 1883) die sieben Dresdner Jahre als Hofkapellmeister von 1842 bis 1849 nur eine, wenn auch wichtige Durchgangsstation seines bewegten Lebenslaufs. Die Idee der Frühromantik, die ganze Welt und das Dasein jedes einzelnen zu poetisieren, hatte die subjektive Erlebnis- und Einfühlungskraft nachhaltig aktiviert und zu universalem historischen Verständnis geführt, insbesondere zur Wiederentdeckung der bildenden Kunst und Dichtung des Mittelalters sowie zur Wiederbelebung der Volkspoesie, wie sie in Liedern, Märchen, Sagen und Schwänken überliefert sowie durch Ludwig Tieck, Achim von Arnim (1781 bis 1831) und anderen neuerlich herausgegeben worden war. Diesem Vorrat literarischer Stoffe entnahm der lesehungrige Richard Wagner die Anregungen zu seinen Bühnenwerken »Tannhäuser«, »Lohengrin«, »Der Ring des Nibelungen« und »Die Meistersinger von Nürnberg«. Deren Textbücher verfasste Wagner – als romantisch-vielseitig Begabter – selbst; Skizzen und Entwürfe dazu in Wort und Musik entstanden fast ausnahmslos während seiner frühen Dresdner Schaffensjahre. Mit der spezifischen Großform seiner Musikdramen,

Carl Heinrich Beichling (1803 – 1876), Dresden vom Palaisgarten, nach 1855

die den Rahmen bisheriger Operntradition sprengte, insbesondere der späteren Tetralogie »Der Ring des Nibelungen«, kam Richard Wagner der Idee des romantischen Gesamtkunstwerkes weitgehend nahe.

Sowohl in der kleinen Form der Klavier- und Liedkompositionen als auch in seinen Orchesterwerken folgte auch ROBERT SCHUMANN (1810–1856) romantischem Kunststreben. Insbesondere seine Klavierkompositionen sind geprägt von der gefühlstragenden Liedseligkeit der »Dresdner Stimmung«; mit ihrer Annäherung an den frischen, echt empfundenen »Volkston« weisen sie jene Klangphänomene auf, die seit dem musikalischen Wirken Carl Maria von Webers als kennzeichnend »romantisch« galten. Schumanns in Dresden vollendetes Klavierkonzert a-moll, opus 54, »ein Mittelding zwischen Sinfonie, Konzert und großer Sonate« (Robert Schumann), entspricht auf musikalischem Gebiet der frühromantischen Idee einer Synthese bisher getrennter Gattungen zur allumfassenden Universalpoesie. Beeindruckt von der »Sixtina« folgte Schumann ebenso der romantischen »Synästhesie«: »… dem Maler wird das Gedicht zum Bild, der Musiker setzt die Gemälde in Töne um.« (Robert Schumann)

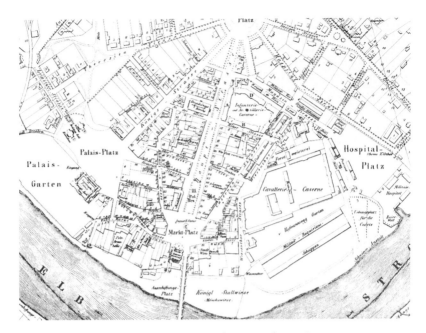

Stadtplan der inneren Dresdner Neustadt, um 1850

RUNDGANG

Raum 1
Zur Geschichte der Inneren Neustadt

In der Mitte des Eingangsbereiches gibt ein Stadtplan von 1833 Auskunft über die Lage des Hauses »Gottessegen« im Verlaufe der Häuserfront an der Hauptstraße, »der schönsten und freundlichsten Straße Dresdens« (Wilhelm von Kügelgen), die noch heute die zentrale Achse der inneren Neustadt bildet. Auf der Glasplatte über dem Stadtplan ist farblich abgesetzt die gegenwärtige Bebauung angedeutet.

Den Eindruck des damaligen Anblicks der Neustädter Elbseite, zusammen mit der alten Augustusbrücke, vermittelt die Panorama-Darstellung des repräsentativen Deckfarbenblattes von Carl Benjamin Thielemann (1774 bis 1812) [Abb. S. 18/19: elbwärts links Japanisches Palais, etwa in Bildmitte Blockhaus und altes Neustädter Rathaus mit laternenartigem Türmchen, alles andere überragend das Mansarddach der noch turmlosen Dreikönigskirche; ganz rechts Gebäude des Jägerhofes].

Nachdem 1685 ein verheerender Stadtbrand das damalige, rechtselbische »Altendresden« fast völlig eingeäschert hatte, legte Oberlandbaumeister WOLF CASPAR VON KLENGEL (1630–1691) einen Entwurf zur einheitlichen Neugestaltung dieses Stadtteils vor. Dem Vorbild anderer zeitgenössischer Residenzen gemäß wurden strahlenförmig breite, baumbestandene Alleen angelegt, so die Hauptstraße in Fortsetzung der Augustusbrücke vom Neustädter Markt aus zum Schwarzen Tor (heute Albertplatz), ebenfalls dorthin die Königstraße vom Platz am Japanischen Palais aus. Eine von Kurfürst FRIEDRICH AUGUST I. (1670–1733; »August der Starke«) erlassene Bauordnung schrieb für die zeitgemäßen barocken Neubauten der »Neustadt« weitgehend ähnliche, auch farblich abgestimmte Fassadengestaltung, gleiche Geschosshöhen sowie Mansarddächer und steinerne Treppenhäuser vor. Schon vor dem Betreten dieses stattlichen fünfgeschossigen Reihenhauses hat der Besucher dessen herausragende Besonderheit bemerkt: Der seinerzeit übliche Haussegen, sonst oft über dem Haupteingang angebracht, erstreckt sich hier in meterhohen Antiqua-Großbuchstaben unterhalb des Dachgesimses über die ganze Breite der Straßenfassade:

AN GOTTES SEGEN IST ALLES GELEGEN

Das Gebäude vermittelt den Eindruck eines barocken Bürgerhauses, bekrönt von einem laternenartigen Türmchen auf dem Mansarddach als stilvoll dem einstigen Turm auf dem Neustädter Rathaus nachempfundene Zugabe der Rekonstruktion um 1979. Wie die Bauakten im Dresdner Ratsarchiv belegen, begann ein Michael Burger am 27. März 1697 mit dem Bau des zunächst dreigeschossigen Gebäudes, heute Hauptstraße 13, das – ab 1699 bezogen – bis in die Gegenwart hinein als Miethaus dient. Zusammen mit den angrenzenden Häusern Hauptstraße 11 bis 19 entging es der Bombenzerstörung am 13./14. Februar 1945.

Im zweiten Stock dieses Hauses wurde im März 1981 das Museum der Dresdner Romantik als eine Einrichtung des Dresdner Stadtmuseums eröffnet. Hier wohnten als Mieter von 1808 bis 1820 der Historien- und Porträtmaler GERHARD VON KÜGELGEN (1772–1820) mit seiner Frau HELENE MARIE (genannt LILLA) geborene ZOEGE VON MANTEUFFEL (1774–1842) und den drei Kindern Wilhelm, Gerhard und Adelheid. Das Knabenbildnis über dem Kassentisch – es zeigt vermutlich den Sohn des damaligen Hausbesitzers van der Breling – malte Gerhard von Kügelgen. Die linke Raumwand beherrscht ein großes Gruppenbildnis. Der Sohn des Hausherrn, WILHELM VON KÜGELGEN (1802–1867), malte 1826 die Familie des Karl von Heynitz zu Königshain bei Bautzen, eines Bruders seines Freundes Ernst von Heynitz, auf dessen Rittergut Hermsdorf er mit seiner jungen Frau von 1830 bis 1833 lebte.

Carl Benjamin Thielemann (1774–1812), Panorama der Augustusbrücke und des Neustädter Ufers in Dresden, um 1800

So bezogen wir denn im Spätsommer des Jahres 1808 die zweite Etage des Brelingschen Hauses an der Neustädter Allee, der schönsten und freundlichsten Straße Dresdens. Dies Haus, vor etwa hundert Jahren vom Grafen Zinzendorf erbaut, trug mit großen goldenen Buchstaben die an dem ganzen Sims hinlaufende Inschrift: »An Gottes Segen ist alles gelegen« und wurde kurzweg »der Gottessegen« genannt, den wir auch sämtlich drin gefunden haben.

Wir Kinder waren mit dem Wechsel sehr zufrieden, wir durchrannten mit Geschrei die neuen Räume, und da das Gebäude sich im Viereck um den Hof zusammenschloß, war es ein Staatsvergnügen, so immerzu zu laufen und doch unfehlbar wieder am Ausgangspunkte anzulangen wie Weltumsegler. Auch bot die schöne Promenade vor den Fenstern willkommenen Raum zum Spielen sowie der wüste, mit Wegerich bewachsene kleine Garten, in dem wir wühlen und machen konnten, was wir wollten.

Wilhelm von Kügelgen,
Jugenderinnerungen eines alten Mannes

Dresden ist der Übergangspunkt vom Norden nach Süden; der nordische Wanderer tritt hier wie durch eine Blumenpforte in eine romantischere Natur, unter einen milderen Himmel. Und wie lockend, reizend, überraschend muß ihm diese Stadt erscheinen, majestätisch ausgestreckt an beiden Ufern der Elbe, umgeben von einem Kranze anmutiger Berge und Täler, mit den ragenden Türmen, dem kühngespannten Brückenbogen, dem breiten Strome, auf welchem zahllose Wimpel flattern, den paradiesischen Fernsichten, dem feierlichen Glockengeläute, der emsigen Regsamkeit der Einwohner, den schönen Palästen mit italienischem Charakter, den malerischen Umgebungen.

Damen-Conversationslexicon
1. Hälfte 18. Jahrhundert

Gerhard von Kügelgen (1772–1820), Knabenbildnis (Der kleine Breling), um 1815

Die damals zwölf Räume der Wohnung waren um den Innenhof herum angeordnet, wobei nach dem Vorbild bürgerlicher Wohnstätten der Zeit die Repräsentationszimmer der belebten Straßenfront zugewandt waren, hingegen die eigentlichen Wohn- und Arbeitsräume die ruhigere Rückseite des Hauses einnahmen.

In den Vitrinen unter dem Panoramabild werden überlieferte Zeugnisse des Gewerbefleißes ehemals Neustädtischer Handwerker, wie Putzmacherinnen, Stickerinnen, Handschuh-, Hut- und Schirmmachern, gezeigt.

Raum 2
Die Familie Körner

Vom Wohnhaus der Kügelgens erreichte man in der traditionsträchtigen Dresdner Neustadt nach wenigen Minuten den Kohlmarkt, wo damals CHRISTIAN GOTTFRIED KÖRNER (1756–1831) mit seiner Familie nahe dem Wiesenufer der Elbe zuerst gewohnt und sein Haus offengehalten hatte. In deren einstigen Wohnräumen war 1875 von EMIL PESCHEL (1835–1912) das Körner-Museum begründet worden, das der Dresdner Kunsthistoriker FRITZ LÖFFLER (1899–1988) in den dreißiger Jahren betreute, bis ihn die national-sozialistischen Kulturbarbaren aus seinem Amt am Dresdner Stadtmuseum vertrieben. Da das Körner-Museum durch Bombenangriffe am 13./14. Februar 1945 völlig zerstört worden war, erachteten es die Gestalter des Romantik-Museums als eine Ehrenpflicht, in einem seiner Räume mit ausgelagerten und deshalb unversehrt gebliebenen Ausstellungsstücken die Erinnerung an die Familie Körner wachzuhalten. Als Christian Gottfried Körner hier 1783 in Dresden seine Tätigkeit als Staatsbeamter aufnahm und 1785 seinen Hausstand begründete, hatte sich durch ihn damit ein gesellschaftlicher Mittelpunkt eröffnet. Von späteren bürgerlichen Zirkeln unterschied sich der Körner-Kreis vor allem durch sein geistiges Format. Weitgespanntheit und Frische der Ideen erhoben diesen geselligen Kreis über die Provinzialität der Mehrheit der Dresdner Einwohner. Sein Wesen beruhte auf der zeitweiligen geistigen Gemeinsamkeit, dem vorübergehenden Zusammenklang im Passagehaften der Begegnungen, im dahineilenden Strom des Lebens.

Christian Gottfried Körner, in Leipzig 1756 geboren als Sohn eines evangelisch-lutherischen Superintendenten, zugleich Pfarrers an der Thomaskirche und Professors der Theologie an der Universität, hatte die Leipziger Thomasschule und die Landesschule Grimma absolviert, in Leipzig und Göttingen Philosophie, Jura und Wirtschaftswissenschaften studiert, danach promoviert und sich habilitiert. Bereits im Mai 1783 wurde Körner als damals jüngster Rat an das Oberkonsistorium, die Regierungsbehörde für das Kirchen- und Schulwesen sowie als Assessor der Landesökonomie-, Manufaktur- und Kommerzdeputation (Vorläufer eines späteren Industrieministeriums) in die kursächsische Residenz Dresden berufen, wo er später auch als Rat am Oberappellationsgericht (der höchsten sächsischen Berufungsinstanz) tätig war.

Die Übersichtstafel in der Vitrine zeigt die Namen der bedeutenden Persönlichkeiten dieser Epoche, die als Gäste zu Körners geselligem Zirkel gehörten: FRIEDRICH SCHILLER (1759–1805), WOLFGANG AMADEUS MOZART (1756 bis 1791), GOETHE, CHRISTOPH MARTIN WIELAND (1733–1813), JOHANN

Anton Graff (1736 – 1813), Christian Gottfried Körner, 1794

Anton Graff (1736–1813), Minna Körner, um 1790

Anton Graff (1736–1813), Friedrich Schiller, 1786/91

GOTTFRIED HERDER (1744–1803), ALEXANDER (1769–1859) und WILHELM (1767–1835) VON HUMBOLDT und SCHLEGEL, NOVALIS, HEINRICH VON KLEIST (1777–1811), GOTTHILF HEINRICH SCHUBERT (1780–1860), ERNST MORITZ ARNDT (1769–1860) und HEINRICH FRIEDRICH KARL VOM UND ZUM STEIN (1757–1831).

Zum engeren Dresdner Freundeskreis zählten ANTON GRAFF, JOHANN GOTTLIEB NAUMANN (1741–1801), LUDWIG TIECK, GERHARD VON KÜGEL-GEN, FERDINAND HARTMANN und ELISA VON DER RECKE (1754–1833), die nach Körners Weggang von Dresden zusammen mit CHRISTOPH AUGUST TIEDGE (1752–1841) dann ebenfalls am Anfang des Kohlmarkts, der späteren Körnerstraße, wohnte. Als nach der Leipziger Völkerschlacht 1813 der russi-sche Fürst NIKOLAI GRIGORJEWITSCH REPNIN-WOLKONSKI (1778–1845) als Generalgouverneur der Alliierten in Sachsen eingesetzt wurde, arbeitete Kör-ner in der Verwaltung an der Durchführung bürgerlicher Reformen mit. Nach Rückkehr des Napoleon ergeben gewesenen sächsischen Königs musste Kör-ner deshalb Sachsen verlassen und folgte einer Berufung zum preußischen Staatsrat nach Berlin.

Dorothea Stock (1759–1832), Selbstbildnis, um 1795

Im Glasschrank befindet sich seine Besuchskarte, neben weiteren Gegenständen aus dem Familienbesitz auch das Kuriosum eines Gewehrschlosses als Tischfeuerzeug. In der Vitrine unter dem Schiller-Porträt zeigt ein zeitgenössischer Stich Körners Sommersitz auf dem Loschwitzer Weinberg. Freundschaftlich mit Körner und dessen Familie verbunden, arbeitete Schiller dort unter anderem an seinem Drama »Don Carlos«. Weitere Einzelheiten zu Schillers Dresdner Jahren 1785 bis 1787 sowie seine kürzeren Aufenthalte in der Elbestadt 1792 und 1801 vermittelt die Gedenkstätte im Schillerhäuschen Dresden-Loschwitz an der später nach ihm benannten Straße.

ANTON GRAFF wurde in Dresden vom Maler der Hof- und Adelsgesellschaft zum bedeutendsten Porträtisten des geistig wachen, sich emanzipierenden Bürgertums in Sachsen. An seinem charaktervollen malerischen Realismus konnte die Bildnismalerei der jungen Romantik, insbesondere Philipp Otto Runges, anknüpfen, dem der alte Graff große Sympathie entgegenbrachte. Etwas von romantischer Naturempfindung spricht auch aus seinem Gemälde »Elbe bei Blasewitz am Morgen« (um 1800). Es ist Teil eines Tageszeitenzyklus, mit dem sich der alternde Porträtist erstmals der Landschaft zuwandte.

*Theodor Körner (1791–1813), »Leyer
und Schwert«, Buchtitel, Wien, 1814*

*Hans Anton Williard (1832–1867),
Körners Haus Am Kohlmarkt 14*

Links davon fällt das gemalte Bildnis von Christian Gottfrieds Sohn THEODOR
KÖRNER (1791–1813) in der Montur der Lützower Jäger ins Auge. Durch seine
Kriegslieder und den frühen Tod 1813 im Schlachtgetümmel wurde er fast
bekannter als sein Vater, der Theodors Lieder und Gedichte unter dem Titel
»Leyer und Schwert« postum herausgab. Kein geringerer als CARL MARIA
VON WEBER vertonte einige der patriotischen Gesänge, darunter »Lützows
wilde verwegene Jagd«. Der auf Theodor Körners Bildnis sichtbare Reitersäbel
gleicht nahezu dem daneben hängenden Original. Die Vitrine darunter enthält
Gegenstände aus dem Besitz Theodor Körners, unter anderem auch seine Uni-
formweste mit dem tödlichen Einschuss. Nach dem Besuch der Dresdner
Kreuzschule hatte Theodor Körner an der Freiberger Bergakademie, danach in
Leipzig und Berlin in den Fächern Jura, Geschichte, Literatur sowie Philosophie diverse Studien ohne regulären Abschluss absolviert. Ein Jahr vor seinem
Tod wurde er in Wien nach erfolgreicher Aufführung seines patriotischen Dra-
mas »Zriny« Hoftheaterdichter. Darauf meldete er sich freiwillig zum preußischen Lützowschen Jägerkorps.

Emma Körner (1788 – 1815), Theodor Körner als Lützower Jäger,
Kopie nach einem Gemälde von 1813

Robert Schneider (1809 – 1885),
Bildnis Ludwig Tieck, 1833

Titelblatt der Zeitschrift »Athenaeum«,
Berlin, 1798

Raum 3
Denker und Dichter der Romantik in Dresden

So wie die einzelnen Kunstgattungen der Romantik in Dresden ihrer Bedeutung nach zeitlich aufeinander folgten, sind im Wesentlichen auch die Räume des Museums angeordnet. Mit dem zweiten zur Straßenseite hin gelegenen Raum beginnt die eigentliche Darstellung romantischen Denkens, Dichtens und Kunst- sowie Musikschaffens.

Die Reihe reproduzierter Porträts der Frühromantiker ist jeweils unterlegt mit deren signifikanten Selbstaussagen zum Wesen romantischer Kunst. Gleichfalls weisen solche Porträts auf bedeutende Frauen hin, die in der Frühromantik eine Rolle gespielt haben. Sie wurden erstmals als gleichberechtigte Partnerinnen anerkannt und damit an der neuen Lebensform bürgerlichen Bildungsstrebens beteiligt.

Der frühverstorbene WILHELM HEINRICH WACKENRODER trug als Kunstschriftsteller und Dichter wesentlich zur Herausbildung romantisch-ästhetischer Kunstauffassungen bei. Er verstand Kunstgenuss als einen Vorgang frommer Hingabe. Seine Schriften gab sein Freund Ludwig Tieck heraus.

Friedrich August Tischbein (1750 – 1812),
Bildnis August Wilhelm Schlegel, 1793

Philipp Veit (1768 – 1837),
Bildnis Friedrich Schlegel, 1810

Friedrich August Tischbein (1750 – 1812),
Bildnis Caroline Schlegel, 1798

Unbekannter Künstler,
Bildnis Dorothea Schlegel

Alexander von Sternberg, Leseabend bei Ludwig Tieck

Franz Gareis (1775–1803), Novalis (Friedrich von Hardenberg), 1798/99.
Kopie von Ekkehard Koch, 1981

Raffael (1483 – 1520), Die Sixtinische Madonna. Nachstich von J. F. W. Müller

Auch der Naturforscher und Philosoph HENRIK STEFFENS (1773–1845) übte mit seinen Schriften eine große Wirkung auf die romantische Poesie, vor allem die Märchendichtungen Ludwig Tiecks, aus. Als Schüler des Philosophen Schelling in Jena und des Geologen ABRAHAM GOTTLOB WERNER (1750–1817) in Freiberg gehörte er zum Kreis der Frühromantiker.

Im Bücherschrank befinden sich einschlägige Werke der Hausbibliothek des ehemaligen Körner-Museums. Die Kristallstufe weist auf die teils naturwissenschaftlichen Interessen von Frühromantikern wie NOVALIS und HENRIK STEFFENS hin, die beide an der Bergakademie Freiberg studierten; ebensowohl symbolisiert das funkelnde Gestein jene naturphilosophische, spekulativ-mystische Betrachtungsweise, wie sie in den Dresdner Vorlesungen GOTTHILF HEINRICH SCHUBERTS »Über die Nachtseite der Naturwissenschaft« zum Ausdruck kam. Neben dem Bücherschrank eine zeitgenössische Abbildung der Erdgeschosshalle im Osttrakt des ehemaligen Stallgebäudes (später Johanneum) am Neumarkt mit der Mengs'schen Sammlung der Gipsabgüsse. Gegenüber unter dem Porträt LUDWIG TIECKS von ROBERT SCHNEIDER (1809–1885) wird in der Vitrine Tiecks Dresdner Zeit gewürdigt, insbesondere seine Leseabende im weithin bekannten Einmann-Zimmertheater.

Der Nachstich von Raffaels Sixtinischer Madonna von Akademieprofessor JOHANN FRIEDRICH MÜLLER (1782–1816), einem Freund der Familie von Kügelgen, weist auf die Bedeutung des berühmten Gemäldes der Dresdner Galerie für die Romantik hin. Henrik Steffens schrieb dazu: »Besonders wurde die Madonna als die göttliche Frau mit aller Illusion der Dichtkunst verehrt, und nachdem Tieck, August Wilhelm Schlegel und Novalis ihr die poetische Weihe erteilt hatten, sah man alle jungen Dichter vor dem Altare der Madonna knien…« Aber auch die Maler, allen voran PHILIPP OTTO RUNGE, standen ergriffen vor dem Madonnenbild und verehrten ihren Schöpfer. Kügelgen selbst schuf eine Kopie des berühmten Gemäldes. Diese schenkte er 1809 seiner Frau Helene Marie, in deren geräumigem Wohnzimmer das Bild »auf einigen Stufen erhöht, den mittleren Teil der Hauptwand fast bis zur Decke füllte«. (Wilhelm von Kügelgen)

Philipp Otto Runges Dresdner Hauptwerk, die »Zeiten«, entstand als Folge von vier Zeichnungen unter dem Einfluss seines Freundes Ludwig Tieck (1806 als Kupferstich erschienen). In diesen Allegorien äußert sich erstmals romantischer Geist als neuer, naturmystisch-religiöser Weltentwurf.

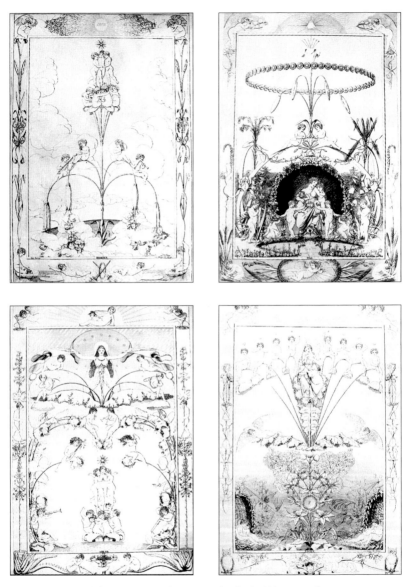

Philipp Otto Runge (1777 – 1810), Die vier Zeiten, 1803/05

Philipp Otto Runge (1777 – 1810), Selbstbildnis, 1802.
Hamburg, Hamburger Kunsthalle (Privatbesitz)

Ansicht des Salons (Caspar-David-Friedrich-Zimmer)

Raum 4
Caspar David Friedrich

Der größte und schönste Raum der Kügelgen-Wohnung, dessen drei Fenster auf die belebte Hauptstraße gingen, diente der Familie als Salon. An einem seiner Fenster stand am Morgen des 24. April 1813 JOHANN WOLFGANG VON GOETHE in Erwartung des Einzugs des russischen Zaren Alexander I. und des preußischen Königs Friedrich Wilhelm III. an der Spitze ihrer Garden.

Eine besondere Kostbarkeit sind – wie schon in den kleineren vorgelagerten Räumen – die bemalten Balkenzugdecken aus der Bauzeit des Hauses Ende des 17. Jahrhunderts. Sie waren durch eingezogene Stuckdecken aus der Umbauphase 1750 – 1758 über zweihundert Jahre lang den Blicken verborgen gewesen und kamen erst bei den Rekonstruktionsarbeiten 1979 wieder zutage. Nach den Zerstörungen der Luftangriffe von 1945 sind sie heute die einzigen erhaltenen ihrer Art in Dresden.

Deckenbemalungen mit emblematischen Darstellungen waren seit der Renaissance in den Häusern wohlhabender Bürger durchaus üblich. Die Vorlagen dazu entnahm man Büchern mit Holzschnitten der gebräuchlichen

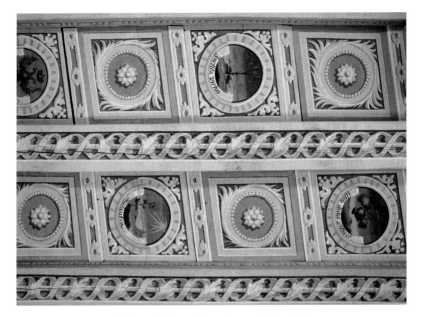

Balkenzugdecke aus dem späten 17. Jahrhundert

»Emblemata«, welche den Handwerkern bei der Raumgestaltung als Muster-
bücher dienten. Die Deckenbemalung der Kügelgen-Wohnung geht offenbar
auf Vorlagen eines Werkes zurück, das Lorentz Kroniger 1693 in Augsburg
herausgab. Es trug den Titel: »Emblematische Gemüths-Vergnügung bey
Betrachtung 715 der curieusten und ergötzlichsten Sinnbildern mit ihren
zuständigen Deutsch-Lateinisch-Französ. u. Italienische beyschrifften«. Die
Embleme der Kügelgen-Wohnung und deren lateinisch abgefasste Motti lassen
ein übergreifendes ikonographisches Programm nicht erkennen. Sie umfassen
in bunter Mischung christliche und humanistische Weisheiten und Lebens-
regeln.

Heute ist der Kügelgen'sche Salon dem größten Maler der deutschen Romantik, Caspar David Friedrich, gewidmet, der von 1798 bis zu seinem
Tode in Dresden weilte und hier sein geniales Œuvre schuf. Ihm hier im
Hause seines Freundes Kügelgen eine Stätte des Gedenkens einzurichten, lag
um so näher, als die Häuser, in denen er einst lebte, 1945 zerstört wurden.

Friedrichs Wohnhaus An der Elbe 33 (1945 zerstört)

Johann Carl Baehr (1801 – 1869), Bildnis Caspar David Friedrich, 1836

Georg Friedrich Kersting (1785–1847), Caspar David Friedrich
in seinem Atelier, 1819. Mannheim, Kunsthalle

Friedrich wohnte in der Pirnaischen Vorstadt, wahrscheinlich zunächst »Am Elbberge« (heutige Steinstraße), später im Hause An der Elbe 26 und zog 1820 in das Haus An der Elbe 33 (später Terrassenufer 13), das die Nachkommen bis in das 20. Jahrhundert hinein bewohnten. Im selben Haus wohnte auch Friedrichs Künstlerkollege Johan Christian Clausen Dahl.

Die Hauptwand des Raumes wird von drei Bildnissen Friedrichs beherrscht. Die früheste Darstellung ist der Abguss einer Bronzebüste von CHRISTIAN GOTTLOB KÜHN (1780–1828), die auf ein Porträtmodell aus dem Jahre 1807 zurückgeht. Der spätklassizistische Dresdner Bildhauer war des Malers Schwager und Freund, mit dem zusammen er im Juni 1811 den Harz durchwanderte.

In jenen Jahren entstand auch das berühmte Selbstbildnis, dessen gezeichnetes Original sich im Berliner Kupferstichkabinett befindet. Der angestrengt forschende Blick verrät etwas von seinem grüblerischen Wesen und dem Hang zur Selbstprüfung und Innenschau.

Georg Friedrich Kersting (1785 – 1847), Auf Vorposten, 1815.
Berlin, Staatliche Museen, Preußischer Kulturbesitz, Nationalgalerie

Erschütternd aber wirkt dagegen jenes Altersbildnis im Profil, das der junge Malerkollege JOHANN CARL BAEHR (1801 – 1869) im Jahre 1836 schuf. Wie erloschen erscheint nun das Auge, das einst so prüfend und zupackend geblickt hatte. Friedrich hatte am 26. Juni 1835 einen Schlaganfall erlitten, von dem er sich nie wieder richtig erholte. Eine tiefe Schwermut hatte sich über seinen Geist gelegt, und das Malen machte ihm große Mühe. In Zeichnungen und Sepiablättern, die Friedhöfe, Särge, Grabkreuze mit Eulen zeigen, drückt sich Todeserwartung aus.

Am 2. März 1836 schreibt Wilhelm von Kügelgen an seinen Bruder Gerhard: »Auch unsern alten Caspar Friedrich habe ich besucht; ich fand ihn sehr krank, er ist vom Schlage getroffen und machte den Eindruck, als könne er kaum ein halbes Jahr mehr leben…«

Die Bildnisbüste zeigt den Maler zur Zeit des antinapoleonisch-patriotischen Aufbruchs in Dresden, da dieser mit der Ölmalerei begann und sein später als »Tetschener Altar« bekannt gewordenes Frühwerk »Kreuz im Gebirge«

(1808) konzipierte. Kühn schuf nach Friedrichs Entwurf den Rahmen zu diesem Bilde, das in der Öffentlichkeit sowohl Bewunderung als auch Widerspruch hervorrief. Die Polemik zum »Kreuz im Gebirge«, in der auch Gerhard von Kügelgen für Friedrich Partei ergriff, wurde in der »Zeitung für die elegante Welt« 1809 ausgetragen und machte den Künstler weithin bekannt.

Auf dieses Schlüsselwerk Friedrichs und den von diesem verursachten »Ramdohr-Streit« wird in der Sichtvitrine rechts der Friedrich-Büste eingegangen. Hier wird auch seiner Freunde FERDINAND HARTMANN, GERHARD VON KÜGELGEN, WASSILIJ SHUKOWSKI (1783–1852) und CARL GUSTAV CARUS gedacht. Eine Seite seines Manuskripts »Äußerung bei Betrachtung einer Sammlung von Gemälden von größtenteils noch lebenden und unlängst verstorbenen Künstlern« (1830) weist auf Friedrichs wichtigste kunsttheoretische Bekenntnisschrift hin.

Auch das »Kreuz im Gebirge« trägt die Züge jener religiös-patriotischen Aufbruchsstimmung, die als Reaktion auf die Niederlage Preußens bei Jena und Auerstedt 1806 damals in ganz Deutschland zu wachsen begann. In Dresden fanden sich Politiker und Militärs, Dichter, Philosophen und Künstler zum Widerstand gegen Napoleon, den »Usurpator«, zusammen. Die Wohnungen der Maler Friedrich und Kügelgen waren Treffpunkte der Gleichgesinnten.

An der rechten Wand wird der Dresdner »Patriotischen Romantik« gedacht. Gerhard von Kügelgens Gemälde mit der griechischen Rachegöttin »Nemesis«, gemalt im Jahr der katastrophalen Niederlage der französischen Armeen im russischen Winter 1812, ist ein Beispiel für eine ganze Werkgruppe von Dresdner Künstlern, die sich – meist in allegorischer oder verschlüsselter Form – mit dem Thema befasst haben und von denen einige weitere hier als Reproduktionen zu sehen sind. Dazu gehört Caspar David Friedrichs von den Zeitgenossen als Kommentar zu Napoleons gescheitertem Russlandfeldzug 1812 wohlverstandenes Gemälde »Chasseur im Wald« (1813/14). Georg Friedrich Kersting nahm selbst als freiwilliger Lützower Jäger an der Seite des jungen Theodor Körner am Befreiungskampf 1813 teil und malte 1815 in Erinnerung daran das Bildpaar »Auf Vorposten« und »Kranzwinderin«.

Die Galerie Neue Meister im Albertinum jenseits der Elbe bewahrt eine der schönsten und umfangreichsten Gemäldekollektionen Caspar David Friedrichs. Um jedoch dem Besucher des Romantik-Museums wenigstens eine gewisse Vorstellung vom Schaffen des Meisters zu vermitteln, werden an einer Raumwand Reproduktionen einiger seiner Bilder gezeigt.

Bei dem Gemälde »Zwei Männer in Betrachtung des Mondes« handelt es sich um eine frühe Kopie des im Albertinum befindlichen bekannten Originals aus dem Jahre 1819.

Gerhard von Kügelgen (1772 – 1820), Nemesis, 1812

Bei der Ausführung seiner Gemälde schöpfte der Künstler aus einem umfangreichen Fundus von Naturstudien. Das sollen einige Skizzenbuchblätter (in der Vitrine unter den Gemäldereproduktionen) veranschaulichen. Sie entstanden auf Studienwanderungen in die engere und weitere Umgebung Dresdens, so 1810 mit dem Freund Kersting ins Riesengebirge. (Siehe die beiden Zeichnungen in der Vitrine.)

Caspar David Friedrich (1774 – 1840), Chasseur im Wald, 1813/14.
Bielefeld, Privatbesitz

Anton Graff (1736 – 1813), Bildnis Heinrich von Kleist, um 1808

Raum 5
Heinrich von Kleist

Im Alkoven, dem einzig fensterlosen Raum der ganzen Wohnung, der sich an den großen Salon anschließt, weisen Belege auf das Wirken HEINRICH VON KLEISTS während seiner Dresdner Jahre 1807 bis 1809 hin. Eine umfassende Darstellung seines Lebens und Werks gibt das Heinrich-von-Kleist-Museum in seiner Geburtsstadt Frankfurt/Oder.

Das von Anton Graff gemalte Bildnis lässt den damals dreißigjährigen Kleist weit jünger erscheinen. In die Reihe reproduzierter Porträts wurden jene Freunde Kleists aufgenommen, die ihm zu seiner Dresdner Zeit viel bedeuteten: ERNST VON PFUEL (1779 – 1866), RÜHLE VON LILIENSTERN (1780 bis 1847) und ADAM HEINRICH MÜLLER (1779 – 1829), mit dem zusammen Kleist das Kunstjournal »Phöbus« herausgab. Auf dessen Titelblatt, von FERDINAND HARTMANN gezeichnet, erhebt sich der Sonnengott Phöbus Apollo – zugleich Symbol der Musik und des Gesangs sowie Führer der Musen – auf einem antiken Triumphwagen über der Silhouette des damaligen Dresdens. Im »Phöbus«

Ferdinand Hartmann (1774 – 1842),
Titelblatt der Zeitschrift »Phöbus«, 1808

hat Kleist teils fragmentarisch seine Dramen »Penthesilea«, »Der zerbrochene Krug« und »Das Käthchen von Heilbronn« sowie seine Erzählungen »Die Marquise von O…« und »Michael Kohlhaas« veröffentlicht. Außerdem schrieb Kleist in Dresden sein Drama »Die Hermannsschlacht«, mit dem er zum antinapoleonischen Befreiungskampf aufrufen wollte. Aufgeführt wurde während Kleists Dresdner Zeit nur »Der zerbrochene Krug« mit völligem Misserfolg in Weimar. Die Dresdner Pirnaische Vorstadt, in der Kleist seinerzeit selbst wohnte, erwähnte er auch im »Michael Kohlhaas«. In seinen Briefen hat Kleist mehrmals die Dresdner Stadtlandschaft und deren Umgebung poesievoll geschildert. Gegenüber den Vitrinen bestätigen zwei zeitgenössische Landschaftsdarstellungen des Elbebogens und der Elbhöhen flussaufwärts vom einstigen Linckeschen Bad wie berechtigt Kleists Lobpreisung war.

46

Während seiner Dresdner Jahre stand auch Heinrich von Kleist teilweise der Romantik nahe. Hier erreichte er zugleich den Höhepunkt seines Schaffens als Dramendichter wie als Novellist. »In Dresden, als dem günstigsten Ort in dieser für die Kunst höchst ungünstigen Zeit« der Napoleonischen Eroberungskriege erhoffte sich Kleist nach unstetem Umherirren und vielerlei größtenteils missglückten Versuchen bleibenden Erfolg und öffentliche Anerkennung. Im Haus CHRISTIAN GOTTFRIED KÖRNERS verkehrte er ebenso wie mit den in Dresden ansässigen zeitgenössischen Malern FERDINAND HARTMANN, GERHARD VON KÜGELGEN und CASPAR DAVID FRIEDRICH. Auf viel zu schwacher finanzieller Basis gründete Kleist zusammen mit seinem Freund Adam Heinrich Müller die anspruchsvolle, jedoch kurzlebige Zeitschrift »Phöbus. Ein Journal für die Kunst«. Als es wegen der verfehlten Weimarer Aufführung von Kleists Lustspiel »Der zerbrochne Krug« zum Zerwürfnis mit Goethe gekommen war, vollzog sich noch in Dresden der Umschwung von Kleists Lebensschicksal; zwei Jahre nachdem er Dresden verlassen hatte, setzte Kleist, menschlich gescheitert und politisch verzweifelt, nahe Potsdam seinem Leben ein Ende.

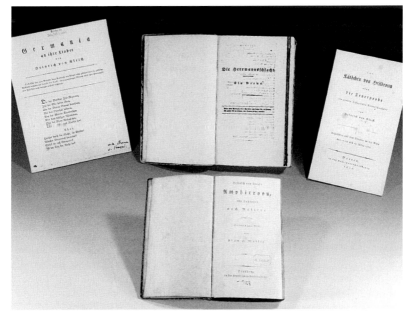

Heinrich von Kleist (1777 – 1811), Titelblätter zu »Amphitryon«, »Käthchen von Heilbronn«, »Hermannsschlacht« und »Germania an ihre Kinder«

Raum 6

Der Künstlerkreis um Caspar David Friedrich

ERNST FERDINAND OEHMES Bildnis wurde 1844 von seinem Dresdner Maler-freund JOHANN CARL BAEHR (1801–1869) gemalt. Es zeigt den sensiblen Fried-rich-Schüler in seiner reifen Lebensphase. Damals folgte er bereits der poeti-schen Spätromantik seines Freundes Ludwig Richter. Dagegen zeigt sich in dem unvollendeten Bildchen »Blick von Sankt Afra zum Meißner Dom« (1828/29) noch etwas von jener linearen Spannung und Transparenz, wie sie Friedrichs Gemälden eigen ist.

In der Persönlichkeit von CARL GUSTAV CARUS realisiert sich die romanti-sche Tendenz zur Einheit und gegenseitigen Durchdringung von Wissenschaf-ten und Künsten, deren »innigst lebendige Verbindung« schon Goethes »teilnehmendes Bewundern« erregte. Der Dresdner Maler JOHANN CARL RÖSSLER (1775–1845), dem wir auch Bildnisse von Schinkel, Dahl, Veith und Kaaz verdanken, malte Carus im Jahre 1824 vor einem italienischen Land-schaftshintergrund in würdig-selbstbewusster Pose mit dem wachen Blick des Naturforschers. Dieser mehr auf das Erscheinungsbild der Natur gerichtete Sinn äußert sich auch in den kleinformatigen Ölstudien, unter denen die mit seinem »Landhaus zu Pillnitz« besonderes Interesse erregt. Carus erwarb es 1832, um Sommers über mit seiner Familie hier in der Nähe des Schlosses Pillnitz wohnen zu können, wo er in seinem Amt als Leibarzt des Königs stets präsent sein musste. Ein Beispiel für seine Friedrich-Nachfolge ist das nach einer Rügenreise um 1819 entstandene »Hünengrab mit ruhendem Wanderer«.

Die kleineren Arbeiten JOHAN CHRISTIAN CLAUSEN DAHLS, insbesondere seine Himmelsstudien, weisen auf dessen Bedeutung für die Entwicklung eines malerischen Realismus im Schoße der Romantik hin. Dagegen erinnert der in einem äußerlichen Sinn romantische »Blick auf Dresden im Mond-schein« (1849) an die konventionelle Vedutenmalerei des 18. Jahrhunderts.

In der bezaubernden Naturstudie AUGUST HEINRICHS »Am Waldrand« spiegelt sich jene andächtige Naturfrömmigkeit, die auch dem großen Fried-rich eigen war.

Das Bildnis des JOHANN GOTTLOB VON QUANDT (1787–1859) von der Hand CARL VOGEL VON VOGELSTEIN (1788–1868) stellt einen Mann vor, dem das Kunstleben in Dresden zur Zeit der Romantik viel zu verdanken hat. Als Sammler, Kunstkenner, Schriftsteller und Mäzen hat er freundschaftlich und selbstlos fördernd in die Kunstprozesse seiner Zeit eingegriffen.

Johan Christian Clausen Dahl (1788 – 1857), Blick auf Dresden im Mondschein, 1849

August Heinrich (1794 – 1822), Am Waldrand, um 1820

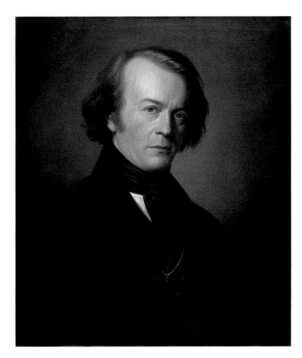

Johann Carl Baehr (1801–1869),
Bildnis Ernst Ferdinand Oehme, 1844

E. F. Oehme (1797–1855), Blick von St. Afra
zum Meißner Dom, um 1828/29 (unvollendet)

Johann Carl Rössler (1775 – 1845),
Bildnis Carl Gustav Carus, 1824

Carl Gustav Carus (1789 – 1869),
Des Künstlers Landhaus in Pillnitz, nach 1853

Raum 7
Musik der Romantik in Dresden

Da die ausführliche Darstellung des Wirkens romantischer Musiker in Dresden jeweils dafür eingerichteten speziellen Museen im nahen Umkreis der Stadt vorbehalten ist, kann sich das Romantik-Museum darauf beschränken, die hervorragenden Leistungen jener zeitgenössischen Musikszene im Überblick zu würdigen. Jeweils durch ihren handschriftlichen Namenszug charakterisieren sich die romantischen Musiker selbst. Faksimilierte Auszüge aus Partituren sowie damalige Theaterzettel erinnern an bemerkenswerte Aufführungen. Daneben vermitteln Abbildungen das Ambiente einstiger Sommersitze der Musiker vor den Toren der Stadt, ergänzt durch Darstellungen zeitgenössischer Theaterbauten.

Inmitten der Drangsale des Kriegsjahres 1813 war Ernst Theodor Amadeus Hoffmann (1776 – 1822) ebenfalls nach einem bewegten Lebenslauf in Dresden angekommen. Als Jurist, Komponist, Dichter, Dramaturg und Bühnenmaler stellte er den Prototyp des vielseitigen romantischen Universalgenies dar und leitete als Kapellmeister damals die Operntruppe des Prinzipals Joseph Seconda (1755 – 1833), die bis 1816 abwechselnd in Leipzig und Dresden auftrat.

Auf dem Gemälde von Carl Focke präsentiert sich der Impresario Seconda mit seiner Familie in der Pose eines geschäftstüchtigen Unternehmers. Sowohl im königlichen Opernhaus, dem damaligen Morettischen Theater auf dem Theaterplatz, als auch auf der Sommerspielstätte des vorstädtischen »Linckeschen Bades« gastierte Hoffmann erfolgreich mit Secondas Truppe. Dort siedelte er auch die schönsten Szenen seiner Meisternovelle »Der goldene Topf« an, die auf echt romantische Weise die Wirklichkeit Dresdner zeitgenössischen Lebens mit traumhaft-visionärer Märchenwelt verbindet. Wegen der Wirrnisse und Unruhe der Schlacht um Dresden im August 1813, die er in dem Erlebnisbild »Die Vision auf dem Schlachtfeld bei Dresden« bewegend veranschaulichte, hat er freilich kaum Kontakt zu den entweder verschlossenen oder ganz zerstreuten geselligen Kreisen der schwer in Mitleidenschaft gezogenen Stadt gefunden. Die Büste des Kapellmeisters Kreisler, geschaffen von Christine Heitmann (geb. 1937), zeigt eine porträtähnliche Kunstfigur des Dichters.

Nach mancherlei Lehr- und Wanderjahren wurde für Carl Maria von Weber Dresden zur eigentlichen Lebenslandschaft, denn hier hat er sowohl entscheidende Impulse für sein überragendes Schaffen erhalten, als auch Unverständnis, Widerstand, Kränkungen und Zurücksetzungen erfahren. In dem knappen Dresdner Jahrzehnt, der erfolgreichen Schlussphase seines kurzen Lebens, folgten Reife und Ernte der Meisterschaft unmittelbar aufeinander.

Gottlob Ernst Matthäi (1779 – 1842),
Büste Carl Maria von Webers

E. T. A. Hoffmann (1776 – 1822),
Selbstbildnis

Theaterzettel des Königlich Sächsischen Hoftheaters
zu Carl Maria von Webers »Freischütz«, Dresden, 1842

Vom königlich-sächsischen Theaterintendanten Heinrich Graf Vitzthum von Eckstädt (1770–1837) 1817 als Hofkapellmeister in die Elbestadt berufen, komponierte Weber hier seine volkstümliche Meisteroper »Der Freischütz« (1820) nach einem Textbuch des Dresdner Schriftstellers Friedrich Kind. Die nachfolgenden Opern »Euryanthe« (1823) nach einem Libretto der zeitweilig in Dresden lebenden Schriftstellerin Helmina von Chézy und »Oberon« (1826) konnten sich wegen Unzulänglichkeiten der Libretti nicht bleibend auf der Bühne halten. Obwohl durch eine Vielzahl von Konzertstücken, Variations- und Chorwerken sowie Liedkompositionen weithin bekannt geworden, blieb Weber die Uraufführung seiner Opernwerke in Dresden versagt. Der einstige zeitweilige Sommersitz der Familie Weber in Hosterwitz, in der Nähe des Schlosses Pillnitz, ist heute, als Museum gestaltet, dem Leben des großen Komponisten gewidmet. Nach seinem Tode 1826 auf einer Konzertreise in London beigesetzt, hat er seit 1844 seine letzte Ruhestätte auf dem alten katholischen Friedhof in der Dresdner Friedrichstadt gefunden.

Nach bewegten Anfangsjahren kam der 29-jährige Richard Wagner 1842 von Paris her nach Dresden, um hier einer der Amtsnachfolger Webers zu werden. Im Reisegepäck brachte er die begonnene Komposition der Oper »Der fliegende Holländer« und die bereits fertiggestellte Oper »Rienzi« mit, nach deren erfolgreicher Uraufführung in Dresden er ein Jahr später zum

*Theaterzettel des Königlich Sächsischen Hoftheaters
zu »Rienzi« von Richard Wagner, Dresden, 1842*

königlich-sächsischen Hofkapellmeister ernannt wurde. Der 1843 in Dresden gleichfalls uraufgeführten Oper »Der fliegende Holländer« – mit dem romantischen Motiv des vereinsamten, ruhelos Umhergetriebenen und Fernwehsüchtigen – sowie der Uraufführung des »Tannhäuser«, 1845 wiederum in Dresden, begegnete das hiesige Publikum größtenteils mit Unverständnis und Ablehnung, da es im mittelmäßigen Niveau der Dresdner »Wasserromantiker« befangen war. Zwar nahm dieselbe Öffentlichkeit das von Wagner inspirierte und selbst dirigierte Palmsonntagskonzert 1846 der 9. Sinfonie Beethovens mit ungeheurem Beifall auf, das von da an bis heute zu den großen alljährlichen Aufführungen der Sächsischen Staatskapelle, vormals Hofkapelle, zählt. Doch steigerte sich Wagners Missmut über die Dresdner verkrusteten Zustände so weit, dass er – nach erfolglos veröffentlichten Denkschriften, unter anderem zu notwendigen Reformen der Kapelle und des Hoftheaters – sich am Volksaufstand im Mai 1849 beteiligte. Um drohender Verhaftung zu entgehen, beendete seine überstürzte Flucht seine Dresdner Wirksamkeit. Erst von 1862 an, dem Jahr seiner Amnestierung, ist Wagner wieder mehrmals besuchsweise in Dresden gewesen, zuletzt im September 1881, eineinhalb Jahre vor seinem Tode. Das in Wagners Sommeraufenthalt des Jahres 1846 später eingerichtete Museum in Graupa, östlich von Dresden, wo der »Lohengrin« entstand, bewahrt heute die Erinnerung an den großen romantischen Musikdramatiker und revolutionären Umgestalter des Musiktheaters.

Eduard Kaiser (1820–1895), Robert und Clara Schumann

Noch kaum überschattet von seinem ernsten Nervenleiden gehört die Dresdner Zeit ROBERT SCHUMANNS zu den fruchtbarsten Schaffensjahren des bedeutenden Komponisten der deutschen Romantik. Hier lebte er von Dezember 1844 bis September 1850 zusammen mit seiner Frau, der berühmten Pianistin CLARA geborene WIECK (1819–1896). Beide waren nicht nur eng verbunden mit Dresdens Künstlerschaft, auch das musikinteressierte Publikum brachte ihnen höchste Aufmerksamkeit und Achtung entgegen. Angeregt von der Elbestadt, ihrer Öffentlichkeit, den Kunstschätzen und der reizvollen Umgebung entstand hier nahezu ein Drittel des gesamten musikalischen Werkes von Robert Schumann, unter anderem die 2. Sinfonie (op. 61), das Konzert für Klavier und Orchester (op. 54) wurde vollendet, die Oper »Genoveva« nach Texten von LUDWIG TIECK und FRIEDRICH HEBBEL (1813–1863), das (Klavier-)Album für die Jugend (op. 86) sowie zahlreiche Klavier- und Liedkompositionen wurden geschaffen. Robert Schumann, selbst ein Meister des Liedschaffens, wirkte in Dresden als Liedermeister der »Dresdner Liedertafel« und des von ihm 1848 gegründeten »Chorgesangsvereins«. Da Robert Schumann mit den revolutionären Ereignissen des Mai 1849 sympathisiert hatte, fand er in Dresden die erhoffte, seiner Bedeutung künstlerisch sowie finanziell angemessene Position nicht und wandte sich deshalb nach Düsseldorf.

Raum 8
Die Familie von Kügelgen

Da authentisches Mobiliar der ehemaligen Kügelgen-Wohnung nicht mehr vorhanden ist, soll wenigstens ein im Stil der Zeit eingerichtetes Zimmer an seine ehemaligen Bewohner und die damalige bürgerliche Wohnkultur erinnern.

Der Porträt- und Historienmaler GERHARD VON KÜGELGEN kam mit seiner jungen Frau Helene Marie, geb. Zoege von Manteuffel, und dem Sohn Wilhelm 1805 nach Dresden. Der gebürtige Rheinländer hatte sich zuvor längere Zeit in Rom und danach in Reval und St. Petersburg aufgehalten. 1808 bis zu seinem gewaltsamen Tode 1820 bewohnte er die zweite Etage des sogenannten Brelingschen Hauses Hauptstraße 13. An der linken Wand hängt das flott gemalte, lebendige Bildnis des Malers von TRAUGOTT LEBERECHT POCHMANN (1762 bis 1830), der ebenso wie Kügelgen als Professor an der Kunstakademie lehrte. Gerhard von Kügelgen fiel am 27. März 1820 auf dem Wege von seinem Loschwitzer Weinberghaus nach Dresden einem Raubmord zum Opfer.

Ansicht des Biedermeierzimmers

Wilhelm von Kügelgen (1802–1867),
Selbstbildnis

Titelblatt zu Wilhelm von Kügelgens »Jugend-
erinnerungen eines alten Mannes«, Berlin, 1870

Das Bildnis des sympathischen FRIEDRICH AUGUST PÖNITZ (1812), des Hausarztes der Familie, macht die Einfühlsamkeit deutlich, mit der Gerhard von Kügelgen Charaktere zu schildern vermochte.

Die aus der Vorstellung geschaffenen Werke besonders religiösen und biblischen Inhalts haben weniger als seine Bildnisse dem Urteil der Zeit standgehalten. In dem zeitgemäßen Streben, das menschlich Edle auch schön zu bilden, bleibt der Künstler zuweilen in einem uns heute nur schwer nachvollziehbarem äußerlichen Schönheitsideal befangen, das mit seiner glühenden Raffael-Verehrung zusammenhängt. Davon zeugt das dennoch eindrucksvolle Christusbild, das vermutlich schon um 1800 in St. Petersburg entstand, wie auch die große Figurenszene »Saul und David« (Reproduktion).

Zum Freundeskreis der Kügelgens gehörte auch der Dichter, Übersetzer, Literaturhistoriker und Pädagoge KARL AUGUST FÖRSTER (1784–1841), dessen Bildnis zusammen mit dem seiner Gemahlin Louise Förster rechterhand über dem Sofa hängt. Der Maler ist CARL VOGEL VON VOGELSTEIN, welcher seit 1820 als Nachfolger Kügelgens im Professorenamt an der Akademie die nazarenische Kunstauffassung in Dresden vertrat. Dazwischen das Porträt der Gattin HELENE MARIE VON KÜGELGEN, das der Ehemann 1803 während des Aufenthaltes der jungen Familie auf der Besitzung des Schwiegervaters Alt-Harm in Estland malte.

Das kleine Bildnis LUDWIG RICHTERS von der Hand des älteren Kügelgen-Sohnes WILHELM VON KÜGELGEN entstand 1836 in Wilhelms Haus zu

Traugott Leberecht Pochmann (1762–1830),
Bildnis Gerhard von Kügelgen

Gerhard von Kügelgen (1772–1820),
Bildnis Helene Marie von Kügelgen, 1803

Gerhard von Kügelgen (1772–1820),
Bildnis Dr. Friedrich August Pönitz, 1812

Wilhelm von Kügelgen (1802–1867),
Der Maler Ludwig Richter, 1836

Georg Friedrich Kersting (1785 – 1847), Die Stickerin
(Die Malerin Louise Seidler am Fenster), 1811. Weimar, Kunstsammlungen

Ballenstedt im Harz. Auf einer Studienwanderung hatte Richter den Freund, den er aus römischen Tagen her kannte, besucht. Wilhelm berichtet davon ergötzlich, er habe den Freund gemalt »in meinem Schlafrock in anderthalb Tagen fix und fertig, daß keinerlei Retouche nötig war … Dieses Bild gelang so gut, daß sowohl ihm wie mir vor Verwunderung Maul und Nase offen stand …«

WILHELM VON KÜGELGEN, 1802 in St. Petersburg geboren, war Schüler seines Vaters Gerhard und der Dresdner Akademie. Seit 1834 war er Hofmaler des Herzogs von Anhalt-Bernburg und in dieser Eigenschaft vor allem mit Bildnisaufträgen beschäftigt. Seiner schriftstellerischen Begabung verdanken wir eines der schönsten Werke deutscher Memoirenliteratur, seine »Jugenderinnerungen eines alten Mannes« (zuerst erschienen 1870), in denen er insbesondere das Leben in diesem Hause bildhaft, schlicht und eindrucksvoll schildert. In den Sichtvitrinen links wird mit einem Buchaufschlag auf ihn und sein Werk hingewiesen. Dort wird auch einiger Freunde des Hauses wie des Hofrats CARL AUGUST BÖTTIGER (1760 – 1835) und des Hauslehrers und Malers ADOLF SENFF (1785 – 1863) sowie zweier Schülerinnen Kügelgens gedacht: Der begabten CAROLINE BARDUA (1781 – 1864) und der von Goethe geförderten LOUISE SEIDLER (1786 – 1866), welche Kersting in seinem Gemälde »Die Stickerin« (1811) verewigte.

Raum 9
Das Atelier des Malers Gerhard von Kügelgen

Im Jahre 1811 schuf GEORG FRIEDRICH KERSTING zwei Innenraumbilder, welche Gerhard von Kügelgen und Caspar David Friedrich in ihren Malateliers zeigen. Nach dem Gemälde »Gerhard von Kügelgen in seinem Atelier« (1811) konnte dieses am authentischen Ort nachgestaltet werden. Wie Sohn Wilhelm berichtet, enthielt es »eine Welt der verschiedenartigsten Gegenstände. Die Wände waren hageldicht bedeckt mit Gipsen, mit Studien und allerlei künstlerischen Kuriositäten, mit seltenen Kupferstichen, Handzeichnungen berühmter Meister und dergleichen mehr… Er fühlte sich behaglich in solcher Anhäufung und behauptete, daß bei leeren Wänden und in aufgekramten Zimmern jede Phantasie verkümmern müsse.«

Bei den heute im Atelier befindlichen Bildern handelt es sich (links beginnend) um GERHARD VON KÜGELGENS »Bildnis der Elisa von der Recke« (1812), einer Dichterin, welche zunächst besuchsweise, seit 1819 aber ständig

Ansicht des Ateliers des Malers Gerhard von Kügelgen

in Dresden lebte und zusammen mit ihrem Lebensgefährten Christian August Tiedge einen literarischen Salon führte. Daneben hängt seit 2003 als Dauerleihgabe der Familie von Kügelgen das von Gerhard von Kügelgen 1806/07 gemalte Kinderbildnis der beiden Söhne Wilhelm und Gerhard. Am Boden stehen Kopien der Kügelgen'schen Porträts Goethes und Schillers von der Hand der vielseitig begabten Freundin des Hauses, THERESE AUS DEM WINCKEL (1779–1867), welche auch Raffaels »Madonna della Sedia« kopierte (auf der Staffelei). Auch Gerhard von Kügelgen hat diese Raffael-Madonna mehrfach kopiert. Vorlage war eine zeitgenössische Kopie in der Dresdner Galerie nach dem in Florenz befindlichen Original.

Im Jahr 2006 konnte die unvollendete Ausschnittskopie der Sixtinischen Madonna von Gerhard von Kügelgen mit Hilfe von Spendengeldern für den Atelierraum erworben werden.

Die Atmosphäre dieses rekonstruierten Malerateliers zur Zeit der Frühromantik weckt die Neugier nach dem Aussehen der Ateliers anderer Dresdner Romantiker. Auch dasjenige Caspar David Friedrichs ist uns durch zwei Gemälde KERSTINGS bekannt. Im Gegensatz zu dem Atelier Kügelgens wirkt es leer und aufgeräumt. »Es fand sich nichts darin als die Staffelei, ein Stuhl, ein Tisch, über welchem als einzigster Schmuck eine einsame Reißschiene hing…, denn Friedrich war der Meinung, daß alle äußeren Gegenstände die Bildwelt im Innern stören.«

Dagegen hat CARL VOGEL VON VOGELSTEIN sein Atelier zum Schauplatz eines gesellschaftlichen Ereignisses und zugleich Gruppenbildnisses gemacht. Als wahre »Haupt- und Staatsaktion« stellt er dar, wie der französische Bildhauer David d'Angers (1788–1856) in Anwesenheit mehrerer Persönlichkeiten des Dresdner Geisteslebens Ende Oktober 1834 die Büste des berühmten Dichters Ludwig Tieck modelliert. Schauplatz ist des Königlichen Hofmalers großes, saalartiges, fast schon repräsentatives Atelier in seinem neuerbauten Hause am Altstädter Elbufer. Im Vordergrund hat sich der Künstler selbst mit Malstock, Pinsel und Palette mit ins Bild gebracht.

Georg Friedrich Kersting (1785 – 1847), Gerhard von Kügelgen in seinem Atelier, 1811.
Karlsruhe, Staatliche Kunsthalle

Kügelgenhaus
Museum der Dresdner Romantik
Hauptstraße 13 (2. OG), 01097 Dresden
Internet www.museen-dresden.de
E-Mail michaela.hausding@museen-dresden.de
Telefon +49 351 804 47 60

Besuchen Sie auch die weiteren

MUSEEN DER STADT DRESDEN

Internet: www.museen-dresden.de

Stadtmuseum Dresden
Wilsdruffer Straße 2, 01067 Dresden
Telefon +49 351 488-73 01

Städtische Galerie Dresden
Wilsdruffer Straße 2, 01067 Dresden
Telefon +49 351 488-73 01

Technische Sammlungen Dresden
Junghansstraße 1 – 3, 01277 Dresden
Telefon +49 351 488-72 01

Kraszewski-Museum
Nordstraße 28, 01099 Dresden
Telefon +49 351 804 44 50

Carl-Maria-von-Weber-Museum
Dresdner Straße 44, 01326 Dresden
Telefon +49 351 261 82 34

Schillerhäuschen
Schillerstraße 19, 01326 Dresden
Telefon +49 351 488-73 01
Telefon +49 351 488-85 00

Palitzsch-Museum
Gamigstraße 24, 01239 Dresden
Telefon +49 351 796 72 49